吕氏春秋寓言
晏子春秋寓言

中华典籍故事

吕伯攸
喻守真——编

人民文学出版社

图书在版编目(CIP)数据

吕氏春秋寓言　晏子春秋寓言/吕伯攸，喻守真编．—北京：人民文学出版社，2018
（中华典籍故事）
ISBN 978-7-02-013575-2

Ⅰ．①吕…　Ⅱ．①吕…　②喻…　Ⅲ．①杂家　②《吕氏春秋》-通俗读物　③先秦哲学　④《晏子春秋》-通俗读物　Ⅳ．①B229.2-49　②B22-49

中国版本图书馆CIP数据核字(2017)第307378号

责任编辑　朱卫净　尚　飞　吕昱雯
装帧设计　高静芳

出版发行　人民文学出版社
社　　址　北京市朝内大街166号
邮政编码　100705
网　　址　http://www.rw-cn.com

印　　刷　宁波市大港印务有限公司
经　　销　全国新华书店等

开　　本　890毫米×1240毫米　1/32
印　　张　3.5
插　　页　2
字　　数　45千字
版　　次　2018年3月北京第1版
印　　次　2018年3月第1次印刷

书　　号　978-7-02-013575-2
定　　价　20.00元

如有印装质量问题，请与本社图书销售中心调换。电话：010-65233595

吕氏春秋寓言

序说

仇人和亲人	004
为什么还要感激他	007
逐臭的人	010
儿子做父亲偷羊的证人	012
自己吃自己的肉	014
桑树下的饿人	016
破衣服并不算顶坏	019
叫婴儿游泳	021
不相信夏布是麻制的	023
哪里有面目去见仲父	024
由戏谑引起的一场大战	029
请你给了我吧	032
不要理他	034

子产和邓析	036
难道你还不合算	038
一片梧桐叶的故事	040
作法自毙	042
掘井得到了一个人	044
夔只有一只足吗	046
百姓们的口是防不住的	048
黎丘的鬼	050

晏子春秋寓言

序说

弦章死谏	057
五男子	059
大　旱	061
三款死罪	063
爱　槐	065
大台之役	069
重履临朝	072
社鼠猛狗	074

崔杼劫盟	076
小雀儿	079
你不是我的君上	081
君上到了	084
独　乐	087
范昭使齐	088
越石父	091
御者之妻求去	094
北郭骚	096
挂牛头卖马肉	099
使狗国进狗门	101
齐人善盗	103

吕氏春秋寓言

序　说

《吕氏春秋》是秦相吕不韦辑成的。全书分十二纪、八览、六论，共一百五十九篇，每篇都用两个字作篇名，如仲春、贵生、情欲等。

据说，这部书完成以后，曾经将它陈列在咸阳城门口，并且，发出一张布告：要是有人能在书中增加一个字进去，或是删减一个字的，给他一千金。可是，那时候的人，竟没有能增减一个字的——这便可见这部书的价值了。

书中所论述的，陈义虽然太高，文字又十分艰深，似乎读者们不容易领会；不过，其中所引的例证，却不论童话、寓言、笑话……包涵很广，而且一大半是很富于兴味，而为读者们所喜悦的。因此，现在特地选取二十余则，将它以白话表达，献给爱读本书的朋友们。

仇人和亲人

【故事】

有一天,祁黄羊①去谒见晋平公②,平公和他谈了一会儿,便问他道:"现在,南阳③令④恰好出缺,你看派谁去担任最为适宜?"

黄羊不假思索地答道:"依我看起来,还是派解狐⑤去吧!"

平公很诧异地道:"解狐不是你的仇人吗?你怎么别人不保举,偏偏要保举他呢?"

黄羊答道:"君上问我的,是谁有才干,可以充任这南阳令的职务,并没有问我的仇人是谁啊!解狐虽然是我的仇人,但是,以他的才干看来,要是去做南阳令,是一定可以胜任的。"

平公点头道:"好,就照你的意思办理吧!"

当日,晋平公便下了一道命令,叫解狐去做南阳令。晋国的人听到了这个消息,都非常欢喜。

过了几天，平公又问黄羊道："我们国里，现在又少一个尉⑥，你看谁可以补这个缺？"

黄羊老实不客气地答道："就派午去吧！"

平公又很诧异地道："午，他不是你的儿子吗？你怎么不保举别人，却偏偏要保举你的儿子呢？"

黄羊答道："君上问我的，是谁有才干，可以充任这个尉的职务。当然，我只要把最适宜做尉的人才，告诉君上就是了。至于午是不是我的儿子，又有什么关系呢？"

平公点点头道："好，就照办吧！"

当日，晋平公又下了一道命令，就叫午去担任尉的职务，晋国的人听到这个消息，又都非常欣悦。

孔子⑦听到了这两桩事情，也很赞叹地道："好啊，像祁黄羊这样保举人才，外不避仇人，内不避亲人，真是一个公正的人啊！"

【注释】

① 祁（qí）黄羊：名奚，春秋晋悼公时，为中军尉。
② 晋平公：名彪，晋悼公的儿子。

③ 南阳：春秋时晋国的属地。

④ 令：官名。

⑤ 解（xiè）狐：春秋晋人。

⑥ 尉：古代官名，一般是武官。

⑦ 孔子：儒家的始祖。春秋鲁人，名丘，字仲尼。起初做鲁相，后来鲁君不能用他，他便到四方去游历。回到鲁国后，删《诗》《书》，定《礼》《乐》，赞《周易》，修《春秋》，有弟子三千人。

为什么还要感激他

【故事】

有一家人家,有一个女儿快要出嫁了,忽然有人跑来,对她的父母说道:"你们的女儿嫁出去,将来她一定有死亡的一天,那么,她所有的财物,不是都被夫家占去了吗?所以,我现在替你们打算,不如预先嘱咐你们的女儿,叫她嫁过去以后,可以把一切衣服、首饰、银钱等,慢慢地运出来,藏在外边为是!"

父母听了那个人的话,都以为很不错,便十分感激那个人,并且当即把这个意思,转告他们的女儿。

过了些日子,女儿出嫁了。她因为很孝顺她的父母,便照着他们的话,常常将自己的嫁妆,或是夫家所有的财物,偷偷地运出来,寄藏在父母那边。

常言道："若要人不知，不如己莫为。"果然，这女儿的行动，不久便给她的姑妐①知道了，他们都很愤怒地说道："我们的媳妇，已经生了外心②，难道还可以留她在家里吗？"因此，便宣布她犯了七出③的罪名，将她驱逐了。

这女儿回到父母的家里，常是哭哭啼啼的，觉得非常不快乐，她的父母，也因为女儿一生的名誉都给毁坏了，整天唉声叹气，说不出的不自在。但是，他们对于那个想出不正当的法子，劝女儿偷运东西的人，却非但一点不怨恨，有时遇到了他，反而还不住口地称赞他，说他待人很忠心呢！

他们始终不明白女儿被逐出的原因，真愚蠢啊！

【注释】

① 姑妐（zhōng）：姑是丈夫的母亲，妐是丈夫的父亲。有的地方，也称丈夫的哥哥为妐。
② 外心：和异心差不多，意思就是说心已经向着外人了。
③ 七出：从前，我国对待女子很不平等，所以女子只要

犯了无子、淫佚、不孝顺公婆、口舌、盗窃、妒忌、恶疾等七件事中的一件，便可以将她驱逐。这就叫作"七出之条"。那女子偷运丈夫家里的东西，当然犯了盗窃一条了。

逐臭的人

【故事】

有一个人，不知道为什么，身上常常发出一股恶臭①来，使人嗅到了，便会作呕②。

为了这个缘故，他的亲戚、兄弟、妻妾，以及所有和他熟识的人，没有一个能和他住在一起的。

他心里虽然十分伤感，但是，却不愿现身在人家面前，讨人家的嫌恶，因此，他便离开了他们，一个人搬到海边去过活。

海边本来住着许多土著人，他们遇到了那个发臭的人，嗅到那股气味，不知怎的，都觉得有一种说不出的快感。他们便不论白天或夜里，总是追随着他，永远不能离开他了。

人的好恶，竟有这样的不同。

【注释】

① 恶臭：一种污秽的、很恶劣的气味。

② 作呕（ǒu）：呕是把胃里的东西吐出来。作呕的意思是看到或嗅到一种恶劣的事物，产生不快的反感。

儿子做父亲偷羊的证人

【故事】

楚国①有一个持身正直的人,他从来不作伪,从来不隐匿私事,心思非常坦白。

有一次,他的父亲偷了人家一只羊,他便到楚王那里去告发道:"我的父亲今天偷了一只邻家的羊,这是我亲眼看见的,我因为不愿隐匿,所以特地来做证人。"

楚王十分愤怒,便吩咐左右,打算将那正直人的父亲捉来治罪。

那正直人听到了这个消息,却又觉得有些不忍,便又到楚王那里去请求,愿意代父亲受罪。

楚王不问情由,真的便将他拘捕起来,将要施刑罚了。这时候,幸亏旁边有一个官吏,代他恳求楚王道:"父亲偷了羊,他能够来告发,这可算是正直极了;父亲将受刑罚,他又能代为受罪，这又可算孝顺极了。正直而且孝顺的人，也要受到刑罚，我们楚国，还能找得出不该受刑的人吗？"

楚王听了这段话，便将那个正直人释放了。

【注释】

① 楚国：周成王封熊绎于楚，就是现在湖北秭归县。到春秋战国时，占有现在的两湖、两江、浙江和河南南部。后来为秦所灭。

自己吃自己的肉

【故事】

齐国①有两个勇士②,一个住在东郭③,一个住在西郭。他们俩都以为自己是天下最勇敢的人,谁也不肯服谁。

有一天,两个人在路上遇着了,便互相邀请,到一家酒店里去喝酒。

两个人默默地喝了几杯,东郭的勇士便提议道:"我们可要买些肉来吃吗?"

西郭的勇士道:"你的身上不是有肉吗,我的身上也有肉,我们为什么还要买肉。"

东郭的勇士不肯示弱,便很慷慨地道:"对啊,那么我们就来吃自己的肉吧!"

西郭的勇士随即叫跑堂的拿了些酱油来,抽出身上的佩刀,将自己手臂上的肉,割下了一块。

东郭的勇士要表示他的勇敢,接着也抽出佩

刀,在自己身上割下了一块更大的肉。他们便蘸了些酱油,津津有味地同时大嚼起来。

这样,西郭的勇士割一块,东郭的勇士也割一块,两个人都咬着牙齿,忍着痛,从手臂上割到胸和背,从胸背再割到股和腿。两个人都割得全身鲜血淋漓,直到断了气才停止。

【注释】

① 齐国:周武王封太公望于齐,在现在的山东省。战国初,他的臣子田氏篡国,为七雄之一。

② 勇士:有勇力的人。

③ 东郭:郭是外城。东郭就是东边的外城,西郭就是西边的外城。

桑树下的饿人

【故事】

赵宣孟①将到绛地②去，在路上，看见一株欹桑③下面，躺着一个人，闭着眼睛不住地呻吟着，再也动弹不得。

宣孟下车来，问他："为什么这样呻吟着，可有什么痛苦？"

那人只有气无力地答了一个"饿"字。

宣孟忙从车子里跳下来，拿了些干粮给他吃。过了一会儿，那人才把眼睛睁开来，向宣孟望着。

宣孟便问他道："你怎么会饿得这般模样？"

那人答道："我本来是在绛地做官的，这次请假回家，在半路上，忽然粮食断绝了，想要讨饭呢，觉得有些难为情；想要偷窃呢，却又不敢犯法，因此便饿成这样了。"

宣孟很可怜他，便拿了两块肉脯④给他吃。

那人很恭敬地向宣孟道谢一番，然后将肉脯藏在衣袋里了。

宣孟又问他道："你既然肚子饿，为什么不吃，却将它藏起来呢？"

那人道："我家里还有母亲，想拿回去孝敬她。"

宣孟道："你把这两块肉脯吃了吧，我另外再给你就是了！"说着，便又拿了些肉脯和钱给他，然后跳上车子，离开了。

光阴很快，不知不觉早已两年过去了，这时候，晋灵公⑤忽然要杀死宣孟，他一边预先悄悄地埋伏许多武士在房中，一边又假意地去请宣孟到宫中来喝酒。

哪知宣孟一到宫中，便已看出了破绽，因此，他喝了几杯，就向灵公告辞，匆匆地走了。

立刻，灵公命令房中埋伏着的那班武士，赶紧追上去，要把宣孟捉回来。其中有一个武士，跑得最快，他第一个将宣孟追着了。但是，他并不拘捕，只向宣孟低声地说道："你赶紧跳上那辆车子逃跑吧，然后让我回去代你死！"

宣孟觉得十分奇怪,匆匆忙忙地问他道:"你叫什么名字?"

那武士道:"不必问我名字,只要知道,我就是那骫桑下的饿人。"

宣孟走了,那武士真的倒戈相向,和后面追赶的武士们决斗起来。可是,寡不敌众,他终于战死了。

【注释】

① 赵宣孟:春秋晋赵衰的儿子,名盾。襄公时,代衰将中军。死后谥宣子,又称宣孟。

② 绛(jiàng):今山西新绛县。

③ 骫(wěi)桑:骫是弯曲的样子。桑树的枝干,成弯曲形的,叫作骫桑。

④ 脯(fǔ):就是干肉。

⑤ 晋灵公:春秋晋襄公的儿子,名夷皋,后来被赵盾的兄弟赵穿所杀。

破衣服并不算顶坏

【故事】

田赞①穿着破衣服,去见荆王,荆王问他道:"先生的衣服,为什么这样差?"

田赞答道:"我这衣服,并不怎样差,要知道,还有比这更差的衣服呢!"

荆王诧异道:"还有比这差的衣服,你可以说给我听听吗?"

田赞道:"那就是甲胄②!"

荆王道:"甲胄?我所有的军士们,个个都穿着鲜明灿烂的甲胄,怎么会比你的破衣服更差呢?"

田赞道:"甲胄里面,大概都裹着铁片,又重又紧,冬天穿了,非常寒冷,夏天穿了,却又非常燠(yù)热,所以,依我看来,所有的衣服,再没有比甲胄更差的了。像我穿这种破衣,不过是因为家里贫穷。现在，大王身为万乘③之主，富贵极了，为什么却叫你的军士，也穿这种差劲的甲胄呢？而且，穿着甲胄的人，总离不了去做那杀人放火的事，断了人家的颈，刳（kū）了人家的腹，毁坏了人家的城郭，戮死了人家的父子：这种行为，也不见得荣耀啊！至于说到要那些穿甲胄的人，维持安宁，在我看来，也不见得。因为，你想要压服人家，人家也想压服你，人家想要危害你，你也想危害人家，结果，哪里还能够得到安宁呢？总之从几方面看起来，我觉得甲胄这样东西，绝不是一件好东西！"

荆王听了，竟连一句话也回答不出来。

【注释】

① 田赞：战国齐人。
② 甲胄（zhòu）：古时的军服。战争时，用来抵挡刀枪的，有的用皮做，有的用铁片做成。
③ 万乘：周朝的制度。天子有地方千里，出兵车万乘。后来恭维天子或国王，都称万乘。

叫婴儿游泳

【故事】

一天,有一个过路的人,走过江边,忽然听得一阵婴儿①的啼哭声。他想:在这荒凉的江边,哪里来的婴儿呢?他一时被好奇心所驱使,便一直向前走去,打算窥探一个究竟。

当他刚走了几步,便看见那沙滩边,有一个人,正抱着一个婴儿,预备将他投到江里去。

婴儿越啼越厉害了,那人却不住地叱责道:"这又有什么要紧呢,试试看,你的技术一定很不错的!"

过路的觉得诧异极了,便赶了过去,问那个人道:"老兄,你到底要让这婴儿干什么呢?"

那人道:"我要请他到江里,表演些游泳的技术给我瞧瞧!"

过路的人道:"像这样一个不满三个月的婴

儿,连路都不会走呢,怎么能够到水里去游泳?"

那人很坚决地道:"不,你不知道,他的父亲是一个著名的游泳好手,每次比赛都得到优胜,所以儿子怎么会不懂游泳呢?"

【注释】

① 婴儿:初生的孩子。一说,女的叫作婴,男的叫作孩。

不相信夏布是麻制的

【故事】

有个戎①人看见人家正在晒布,一匹一匹的,拖得很长。他便向晒布的人问道:"这是什么东西制成的?"

晒布的人,便指着田里的麻②,告诉他道:"是用这些麻制成的。"

戎人非常愤怒,当即驳斥他道:"这些纷乱的麻,能够制成这样长长的布吗?哼,你不要欺骗我,我不是三岁的孩子,会相信你的鬼话!"

世界上往往有不能接受人家忠告的,就和这戎人一般见识。

【注释】

① 戎(róng):西北少数民族的总称。
② 麻:草本植物,皮可以织夏布。

哪里有面目去见仲父

【故事】

管仲①有病，齐桓公②到他家里去探问。

桓公在他的床前坐了一会儿，看他的气色很不好，心里非常忧愁，便对他说道："仲父③的病，已经很长久了，因此我也长久得不到你的指导。今天特地到这里来，不知道仲父将怎样教我？"

管仲道："齐国有句谚语，叫作：'居者无载，行者无埋。'④现在，做臣子的实在没有什么好说了！"

桓公道："愿仲父不要推诿！"

管仲答道："但愿我君，不去亲近易牙⑤、竖刀⑥、常之巫⑦、卫公子启方⑧那些人就是了。"

桓公很奇怪地道："易牙曾经烹了他的儿子，给我吃，难道还有可疑吗？"

管仲答道："大凡一个人的常情，谁都爱他的儿子的,现在易牙竟忍心杀死他的儿子,哪里还会爱他的君呢?"

桓公道:"那么,竖刀呢?他能够自宫⑨了来伺候我,难道还有可疑吗?"

管仲道:"大凡一个人的常情,没有一个不爱自己的身体的,现在,竖刀竟忍心毁伤了他自己的身体,哪里还会爱他的君呢?"

桓公又说道:"常之巫能够知道人的生死,更能够驱除人的疾病,难道也有可疑的吗?"

管仲答道:"大凡一个人的死生,是有一定的,靠他知道了有什么用呢?疾病,是要医治的,怎么可能驱除得了?现在,我君这样信任常之巫的妖言,或许,他会借了我君的势力,无所不为了。"

桓公又说道:"卫公子启方伺候我已经有十五年了,当他父亲死的时候,也不敢回去哭一次,难道还有可疑吗?"

管仲答道:"大凡一个人的常情,没有不管自己的父亲的,现在,卫公子启方竟连自己的父亲都忘记了,哪里还会爱他的君呢?"

桓公很决断地道:"仲父的话,我当永远地记住了。"

后来,管仲的病势一天天地加重,不久便死了。桓公因为要遵守管仲的遗言,立刻将易牙、竖刀一班人,完全驱逐了。

但是,自从这班人走了以后,桓公顿觉得饮食没有滋味了,一切的事既没有精神去做,身体也渐渐地衰弱起来了,这样过了三年,桓公实在不能再挨过去了,便说道:"仲父毕竟是太过分了,谁说仲父的话都可以实行的呢?"于是,又将易牙、竖刀一班人,完全召了回来。

第二年,桓公偶然病倒了,常之巫便捏造谣言道:"桓公将在某日,一定要死了。"一面又勾结易牙、竖刀,在宫的四周筑起高墙,把宫门堵塞了,假借了桓公的命令,无论什么人都不准进出。然后,他们便从从容容地作起乱来了。

有一个妇人,悄悄地从墙上爬进去,到了桓公住着的地方,桓公看见了她,便说:"我肚子饿极了,请你给我些东西吃!"

妇人道:"叫我到哪里去拿食物呢?"

桓公道:"那么,给我些水喝吧!"

妇人道:"叫我到哪里拿水呢?"

桓公道:"这是什么缘故?"

妇人道:"易牙、竖刀、常之巫作起乱来了,宫门都被堵塞住,谁也不能进出,所以弄不到东西了。而且,卫公子启方,也献了四十社⑩给卫国,回卫国去了。"

桓公听说,深深地叹了一口气,眼泪随即挂了下来,哭着道:"唉,圣人⑪的见识,是多么远大啊!要是人死了尚有知觉的话,我哪里还有面目去见仲父呢?"说着,忙用衣袖将自己的脸遮盖了,便这样断了气。

因为易牙、竖刀等禁止人进出宫门,所以一直过了六十日,桓公才得殡殓。这时,尸首上已经生了虫,一条条向窗户外爬了出来,那样子实在太难看了。

这就是桓公不听管仲的话的结果。

【注释】

① 管仲:春秋时,齐桓公的贤相,帮助桓公成霸业,被称为仲父。

② 齐桓公：春秋五霸的首领，名小白。周庄王十一年，因为他的哥哥襄公无道，出奔到莒，直到襄公被弑，才回到齐国即位。鲍叔牙荐管仲给他，使用管仲做宰相。尊周室，攘夷狄，九合诸侯，一匡天下，终身做着诸侯的盟主。管仲死后，任用一班小人，霸业便衰。

③ 仲父：齐桓公对于管仲的称呼。仲是管仲的名字，父是尊称他，犹如吕尚被称为尚父一般。

④ 居者无载，行者无埋：意思是：做臣子的既然任了职位，要是有什么谋划，当然会告诉他的君上，绝没有藏在心里，不说出来的。就是做臣子的快要死了，也应当把它写出来，使君上可以照着去做，绝没有和自己的肉体同埋到地下去的。

⑤ 易牙：也可写作"狄牙"。春秋时人，善于烹调食物，齐桓公因此便用他为太监，而且非常喜欢他，信任他，等到桓公死后，便和他的同党作起乱来。

⑥ 竖刀：是易牙的同党，也可写作竖刁。

⑦ 常之巫：也是易牙的同党。

⑧ 卫公子启方：或作"开方"。本是卫国的公子，出仕于齐国，和竖刀、易牙同专权。后来杀了孝公子，立昭公。

⑨ 自宫：自己阉割。

⑩ 四十社：一社是二十五家，四十社就是一千家。

⑪ 圣人：此处是指管仲。

由戏谑引起的一场大战

【故事】

楚国的边境上,有一处叫作卑梁①的地方,是和吴国的边境相接的。有一天,楚国的一个少女,和吴国②边境上的一个少女,同在卑梁采桑。

她们一起工作着,起先不过是互相谈着话,过了一会儿,渐渐地互相戏谑起来,终至于动手动脚地追逐着。

不知怎样一不小心,吴国的少女将楚国的少女推了一下,楚国的少女便跌倒在地上,受了伤。

楚国的少女回到家里,把这件事告诉了她的家长。家长便把少女抬到吴国边境上,去责问吴国少女的家长。哪知吴国少女的家长,却不肯认错,于是,两方面便争闹起来。楚国少女的家长愤怒极了,竟把吴国少女的家长杀死了。

吴国人要替那少女的家长报仇,便赶到楚国

的边境上，将楚国少女的一家人，也杀死了。

这个消息，立刻传到了卑梁公③的耳朵里，他便暴跳如雷地道："吴国人竟敢来挑战了，我们应该出兵反攻，将他们的老老小小，一起杀死了才罢！"

不料，这话又被吴王夷昧④知道了，他一时真有些忍不住了，便发下一道命令：趁楚国没有动手以前，先派兵去把卑梁占据了。

吴公子光⑤，又带了兵，和楚国人在鸡父⑥开了战；楚国人没法抵御，连他们的主帅潘子臣、小惟子⑦、陈夏啮⑧，都被吴国捉了去。于是，楚国便大败了。

其实，这一次大战的起因，不过是因为两个小女子的戏谑罢了。

【注释】

① 卑梁：一说是吴国的边邑。楚国边邑叫作钟离。
② 吴国：周初，泰伯住在吴地，就是现在江苏无锡市的梅里。传到他的子孙，便称王，渐渐地扩充地盘，竟占有现在淮泗以南，直到浙江的嘉湖一带地方，后来被越国

所灭。

③ 卑梁公：守卑梁地方的大夫（官名）。

④ 夷昧（mèi）：就是余昧。春秋吴王寿梦的第三子，吴王诸樊的弟弟。

⑤ 公子光：就是吴王阖庐。吴王诸樊的儿子。

⑥ 鸡父：地名。也称鸡备亭，在现在河南固始县东南。

⑦ 潘子臣、小惟子：都是楚国的大夫。惟字也有写作帷字的。

⑧ 陈夏啮（niè）：夏是姓，啮是名字。夏啮是陈国的大夫，因为鸡父之战，陈国、蔡国都帮助楚国，加入战团，所以陈国的大夫夏啮，也被捉了去。

请你给了我吧

【故事】

两家人家,贴邻住着,一向你来我往,非常要好。

左边的那家,园里有一株梧桐树①,不知怎么一来,忽然枯死了。右边那家的主人,偶然看见了,便对左边那家的主人道:"这样幽雅的一个花园,却留着这株枯梧桐树,未免有些减色吧!"

左边那家的主人问道:"那么,怎样处置它呢?"

右边那家的主人道:"这是再容易也没有了,你只要叫人将它斫去就是了。"

左边那家的主人以为很不错,便立刻喊了他的仆人来,将这株枯梧桐斫去了。

右边那家的主人,眼看着那株枯梧桐倒在地上了,便向左边的主人道:"这株枯树,你有没有什么用处?"

左边那家的主人摇摇头道:"没有什么用处!"

右边那家的主人道:"那么,请你给了我吧!"

左边那家的主人诧异地问道:"你有什么用处呢?"

右边那家的主人道:"我拿回去,可以将它当柴烧!"

左边那家的主人不觉跳了起来道:"唉,你的存心,未免太阴险了——原来你叫我斫树,是替自己打算,想得些利益罢了。像你这样的人,哪里还可以和你做邻居?"

【注释】

① 梧桐:落叶乔木。干很直,色青,高约三丈,叶片阔大。夏日开黄色小花。种子可食,木材可制琴和器具,树皮可取油。

不要理他

【故事】

　　洧水①是一条很大的河流。一天，有一个郑国②的富人，划了一只小船，到河里游览，忽然一不留神，竟掉到河里去了。

　　当时，岸上虽然有人看见，立刻跳下河去拯救，但是，终因河水湍（tuān）急，那富人又不识水性，因此便溺死了。那人只得将他的尸首捞了起来，找一个地方搁置着。

　　富人家里的人得到了信息，当然哭哭啼啼，十分悲伤，一方面去找到那个捞尸首的人，愿意花些钱，向他将尸首赎回来。

　　那个捞着尸首的人，却因为嫌他们所出的钱太少了，不能满足他的欲望，便很坚决地拒绝，非得分一半儿财产给他不可。

　　富人家里的人，没法可想，就将这一回事，

去告诉邓析③。邓析道:"随他去,不要理他!你们要是不去赎,绝不会再有人肯花钱去赎的,既然没有人去赎,他藏着又有什么用处呢?"

那个捞着尸首的人,因为富人的家人不肯多出钱,便也气愤愤地去告诉邓析。邓析又打起了同样的语调道:"随他去,不要理他!你要是不送还给他们,他们就是出了钱,也买不到第二个了!"

【注释】

① 洧(wěi)水:发源于河南登封市阳城山,东流到新郑市,会溱水、双洎河,流入贾鲁河。
② 郑国:周宣王封弟桓公友于郑,在现在陕西境。后来迁到新郑,为春秋郑国,就是现在的新郑市。战国时为韩所灭。
③ 邓析:春秋郑大夫,后为驷颛所杀,又说是被子产杀死的,著有《邓析子》二篇。

子产和邓析

【故事】

子产①治郑国,郑大夫邓析,故意和他为难,竟把郑国所有的法律,都修改了一遍。又和犯罪的百姓们相约:凡是大的案件,只要送一件衣裳给他;小的案件,只要送一套襦②裤给他,他便可以代为帮忙。

自此,百姓们献了衣裳和襦裤,来提起诉讼的,每天不知道有多少起。审判的时候,便颠倒黑白,常常是没理的一方会得到胜利,有理的一方反而失败处罪,并且,今天这样判决,明天又会改变了罪状。

总之,无论那一桩案件,邓析要它胜,便可以得到胜利;邓析要处他罪,便可以处罪。司法这样黑暗,因此百姓们一齐扰攘起来,郑国便大乱了。

子产看到这种情形很为担心,只得将邓析处了死刑。这样一来,是非才有一定,法律也照旧施行,百姓们才翕③服了。

【注释】

① 子产:春秋郑大夫,姓公孙,名侨。住在东里,所以又称东里子产。他从郑简公时起,经过定公、献公、声公,一共做了四十多年官。他在政治上,主张以宽济猛,以猛济宽。当晋楚争霸的时候,不论晋、楚,都很忌惮他。孔子称他为"惠人"。

② 襦(rú):就是短袄。

③ 翕(xī):和顺。

难道你还不合算

【故事】

宋国①有一个名叫澄子的人，失去了一件缁衣②，他便匆匆忙忙地跑到大街上去找寻。

他正走着，忽然迎面来了一位妇人，身上恰好穿着一件缁衣，于是，澄子便一把将她拖住了，一定要她脱下衣服来归还原主。

那妇人遇到了这样一件意外的事，心里非常惊慌，便问澄子道："你到底干什么呢？"

澄子道："我失去了一件缁衣，所以要拿它回去了！"

妇人道："你虽然失去了一件缁衣，但是，我的缁衣，却是我自己花钱做的，而且又不是男子穿的衣服，和你有什么相干呢？"

澄子依旧很固执地道："不要多说了，赶紧脱下来还给我就算了。因为，我的缁衣是顶好的纺绸做的，你的却是用单丝织的，价值是我的贵，现在已经被你掉换了一件，难道你还不合算吗？"

他们俩，便这样在大街上争闹起来。

【注释】

① 宋国：是周微子所封的地方，在现在河南商丘市。春秋时，为十二诸侯之一，到了战国，为齐所灭。
② 缁（zī）衣：染到七次，叫作缁；缁衣就是颜色暗黑的衣服。一说，是古时候卿士退朝后，治事所穿的衣服。

一片梧桐叶的故事

【故事】

有一个秋天,周成王①和他的小弟弟②,在宫中的一株梧桐树下玩。忽然,有一片梧桐叶,从树上飞下来,堕在地上了。

成王随手把那叶片拾了起来,便用一把刀子,将它切成一个圭③的样子,接着,便和他的小弟弟开玩笑道:"我要封④你一处地方了,你且把这个拿去吧!"

他的小弟弟拿到这个树叶做的圭,心里非常高兴,立刻便将这一件事告诉了周公⑤。

周公听说,也很欢喜,当即换上了大礼服,到宫里去向成王道贺。

成王还不知道他的来意,因此,反弄得莫名其妙,问道:"有什么事可以道贺呢?"

周公道:"听说,你已经封了你的小弟弟了,这样的大典，怎么不要道贺？"

成王不觉笑起来道："这哪里是真的，不过是我和他说了一句玩笑罢了！"

周公正色地道："天子说出的话，当然要使人遵从的，哪里可以说玩笑呢？"

成王没奈何，只得封他的小弟弟，在唐⑥的地方。

【注释】

① 周成王：周武王的儿子，名诵。即位时，年纪还很小，全靠周公帮助他治理国政。
② 成王的弟弟：就是唐叔虞。
③ 圭（guī）：用玉琢成上尖下方的薄板，古时臣子，执在手里，当作瑞信的东西。形制大小，看他的爵位而定，有大圭、镇圭、信圭、桓圭、琬圭的分别。
④ 封：古时天子将土地给人，立为诸侯，叫作封。
⑤ 周公：周文王的儿子，武王的弟弟，名旦。相武王伐纣，武王死后，成王年幼，便由周公摄政。制礼，作乐，天下大治。
⑥ 唐：就是现在山西翼城县西的古唐城，后来迁到曲沃，改称晋。

作法自毙

【故事】

唐鞅①去朝见宋王②,宋王问他道:"我所杀的人,也可以算得多了,为什么臣子们更加不怕我了?"

唐鞅道:"大王曾经杀死的,都是些怎样的人?"

宋王道:"那还用说,当然全是些万恶的人。"

唐鞅道:"这样杀人,哪里会使臣子们怕你呢?"

宋王很诧异地道:"这是什么缘故?"

唐鞅道:"大王所杀的,既然都是恶人,那么,自然只有恶人,才会怕你。至于大王的臣子们,大概都是好人,好人不会被杀,又何必怕你呢?所以依我的主意,大王如果要使大家怕你,应该不分好人和恶人,常常随意杀死几个,这样,才能使好人和恶人，完全怕你呢。"

宋王得到这个策略，果然便开始乱杀人了：不论好人和恶人，每天总要杀死几个。所有的臣子，果然也渐渐地怕他了。

可是，过不了多少时候，那个替他想法子的唐鞅，也被杀了。

【注释】

① 唐鞅（yāng）：宋康王时的宰相。
② 宋王：指宋康王。他是战国宋文公的九世孙，名字叫作偃。自从杀了他的哥哥剔成，自立为王以后，一共经过四十三年，齐湣王便会同魏楚二国伐宋，偃被杀。

掘井得到了一个人

【故事】

宋国有家姓丁的,因为家里没有井,每天所用的水,都是到别处去汲取来的。

丁家的住宅,和那口井的所在,实在是距离得太远了,所以,特地派一个人,专门管理这汲水的事;自然,别的工作,便少一个人干了。

他们对于这件事,渐渐地感觉有些不方便,于是,便决意要在自己家里掘一口井。

过了几天,井果然掘成了,丁家的人,便对邻舍们说道:"我们家里掘了一口井,得到了一个做工的人。"

邻舍们没有把这话考察清楚,便一传十,十传百地传开去,说道:"丁家掘井,竟从井里得到了一个人,这不是很奇怪的吗?"

这样,就把这几句话,当作新闻一般的,播

扬到了国王的耳朵里了。国王也以为很奇怪，便叫人去向丁家问一个明白。

丁家的人笑道："哈哈，哪里真的会从井里得到了一个人？不过，我们掘了一口井，便可以省了一个到远处去汲水的人。现在将那专门汲水的人，改做别种工作，那么在别种工作上，不是就得到一个帮忙的人了吗？"

经这么一说明，大家才恍然大悟，那谣言也渐渐地消失了。

夔只有一只足吗

【故事】

鲁哀公①问孔子道:"听说,从前虞舜②时候,有一个乐正③名叫夔(kuí)的,只有一只足,可是真的吗?"

孔子立刻好笑起来道:"哪里有这种话,当初,虞舜想要用音乐去感化百姓们,便由重黎保举了一个夔给虞舜,就用他做乐正。后来,因为重黎又打算去寻访几个像夔一样的人,荐给虞舜,所以,虞舜便说道:'可以不必再多举荐人,只要夔一个足了!'他所说的'夔一个足了',意思是'有一个夔足够了',哪里是说他只有一只足呢?"

哀公听说,也觉得辗转传说的谬误,实在滑稽得太可笑了。

【注释】

① 鲁哀公：鲁定公的儿子，名蒋。在位二十七年，死后谥哀。

② 虞舜：古帝皇的名字，姓姚。在位四十八年，据说，死时一百一十岁。

③ 乐正：古时候的官名，职务是专门掌管音乐的。

百姓们的口是防不住的

【故事】

周厉王①虐待百姓,很是厉害;百姓们虽然无可奈何,但是,在背后批评他的,不知道有多少。

召公②听到了这种消息,便去对厉王说道:"百姓们受到你的种种暴虐,差不多谁都不能活命了。所以,外面痛恨你的人很多。现在,你应该改过才是啊!"

哪知,厉王听了,非但毫不改正,而且还派了一个名叫卫巫的人,去监督百姓们。如果听到有批评厉王的,便立刻捉来杀死。因此,全国的人,连话也不敢说了。有时在路上遇着了,彼此只用眼睛互相招呼一下就算了。

厉王的政策,居然得到了这样的成绩,他心里自然得意非凡。所以,当他见到了召公的时候,便告诉他道："百姓们的批评，现在已经被我完全消弭（mǐ）了。哈哈，你不妨再去打探一下，可还有人敢说我一个'坏'字的吗？"

召公道："这哪里是消弭得了的，你不过用了暴力，暂时将他们的口封起来罢了！但是，你要知道，防百姓们的口，好像是在防一条川：川里水一时虽被阻塞了，但是一旦涌起来，一定会将堤防溃决的。到那时，所受的害处，也许更要增加呢！"

厉王不听他的话，果然，不到三年，全国的人一致起来反抗，将厉王放逐到彘③这个地方。

【注释】

① 周厉王：周穆王的四世孙，名胡。暴虐无道，在位三十四年。
② 召公：姓姬，名奭，成王时为三公。自陕以西，归召公管理；陕以东，归周公管理。死后谥康。
③ 彘（zhì）：约在现在山西境内黄河以东地方。

黎丘的鬼

【故事】

梁国①北面的黎丘②，有一个奇怪的鬼，专门喜欢学人的形状。

有一晚，一个老人到市上去喝酒，回来的时候，已经酩酊大醉了，走到半路上，便遇见了那个鬼，形状竟变得和老人的儿子一模一样。一边扶着老人走回去，一边却不住口地责骂老人，不该喝得这样大醉。

第二天，老人酒醒了，记起了昨晚的事，便对他的儿子道："我昨晚偶然喝醉了酒，你竟这样责骂我，要知道，我到底是你的父亲呀，做儿子的怎么可以这样无礼？"

儿子听了，不觉诧异起来道："哪里有这样的事，我昨晚一夜没有回家，父亲怎会在半路上遇见我呢？"

老人不相信，依旧埋怨他儿子，不该再说诳（kuáng）话。

儿子百口莫辩，便呜呜地哭起来道："我昨晚在东邑有些事情，所以被耽搁住了，直到今天早晨才回家，父亲要是不相信，可以到东邑去打听的。"

老人这才恍然大悟道："哦，那一定就是那个鬼在作祟了。这一次，既被他欺骗，也就算了，以后要是再遇到他，我一定要将他一刀杀死，才可以出一口气呢！"

第二天晚上，老人又到市上去喝酒了。到了夜深的时候，他的儿子一直等着，等着，总不见他回来，以为出了什么乱子，便决定到半路上去迎接。

老人一路走来，远远地便望见了他的儿子，他想："那个鬼又来了，这一次，我一定不再上他的当了。"

过了一会儿，两个人渐走渐近了，老人便拔出剑来，向他的儿子直刺过去，只听得"啊呀"一声，他儿子早已倒在地上死了。

【注释】

① 梁国：即魏国，战国七雄之一，后来迁都大梁，所以便称为梁。

② 黎丘：在河南虞城县北。丘高约二丈，那地方现在尚有黎丘寺村。

晏子春秋寓言

序　说

　　晏子姓晏名婴，谥平仲，齐国莱（山东莱州）人。他身材很矮，见识很广。历事灵公、庄公、景公三个荒淫的君主，他都能尽忠极谏。那时齐国虽然衰弱，但靠他的手腕斡旋，却能维持齐国的大国地位。他个人的生活非常简单，虽然做了齐国的宰相，但非常节俭，完全和平民一般：穿的是很粗的黑布，吃的是粗粟，住的是街市中几间狭小低湿的老房子，代步的是破旧的棚车、没用的驽马。俸禄收入，都救济了亲戚朋友。

　　《晏子春秋》分作七卷：《内篇谏上》《内篇谏下》《内篇问上》《内篇问下》《内篇杂上》《内篇杂下》《外篇》。至于这部书所以称为"春秋"的缘故，是因为从前鲁国的史记叫《春秋》，所以后世记载史实的书，也叫《春秋》。不过，这不是晏子亲手的著作，是晏子死后，他的门客所记录的。

　　本书编述的取材方面，有几种标准：（一）适合读者的心理，对于晏子滑稽的词令，尽量采入；（二）用浅明的白话，达深奥的古语；（三）适应时代的背景。片段虽不多，已够读者对于一个能勤俭持身，尽忠极谏，肯负责任，不怕强暴的人——晏子，有相当的认识。

弦章死谏

【故事】

景公①一连饮了七日七夜酒，还不肯停止，一切事情都荒废着不管。他的臣子弦章②进谏道："大王这样饮了七日七夜的酒，究竟有什么好处呢？我愿大王戒除了吧，不然，请大王将我杀了！"景公醉醺醺③地眯④着眼睛，对他望了一望，依旧拿起酒杯，不理会他。

晏子这时正为了公事，也进来见景公。景公素来很敬重他。见他进来，就停杯对他说："方才弦章说：'愿我戒除了酒，不然，请将他杀了。'我如果听他的话，不再饮酒，那是受他的节制了；不听呢，又舍不得他死，这真使我为难呢。"

晏子笑道："好运气！弦章竟遇见大王这样仁慈的君主，如果他遇到桀纣⑤那样暴虐的君王，他早死得长久了！"

景公听了，醒悟过来，就给弦章谢罪。从此以后就戒酒不饮。

【注释】

① 景公：齐国的国君，名杵臼。
② 弦章：姓弦名章，齐大夫。
③ 醺（xūn）：醺醺，酒醉的样子。
④ 眯（mī）：眼睛微闭的样子。
⑤ 桀纣（jié zhòu）：桀，夏帝履癸的谥。杀人如麻被称为桀。纣，殷帝辛的谥，残暴不仁被称为纣。

五男子

【故事】

景公有五个儿子，请了五个师傅去教导他们。每人都给他一百乘①的车子，非常尊贵。晏子也是其中的一个。

景公因为很疼爱儿子们，有一天，将五个师傅都请来相见。先对一个师傅道："好好地教吧，将来就立你所教的孩儿做世子②。"随后又对一个师傅道："好好地教导吧，将来我的位子就传给你所教的孩子。"……景公同样地对四个师傅许了心愿。师傅们都非常欢喜，心想将来他的学生做了世子，传位做君主，自己就可倚仗教导的功劳，得宠专权。

后来轮到晏子，景公也同样地对他说了。晏子却正色辞谢道："大王叫臣子们负责教导世子们，我们做臣子的哪敢不勤勉呢？但是现在大王对五个师傅都说：'将来就立你所教的做世子。'那是一家中五位世子，都有承继君位的希望，五个师傅将来也都有做权臣的可能，就免不了各自去分立党援，互争势力，这是亡国之道，我却不敢从命，请大王仔细想想吧！"

【注释】

① 乘（shèng）：古时的兵车，驾以四马，一车叫一乘。春秋战国时，说到国力，总以兵车的数目来比较。

② 世子：诸侯的儿子有承继君位的资格的叫世子。

大　旱

【故事】

齐国大旱，持续了好长时间。景公非常忧虑，将臣子们召来问道："天长久不下雨了。五谷①都不能及时下种，百姓也有饥饿的脸色了。我曾经派人去祷告求卜②，说是高山深水在那里作祟③，所以有这样的旱。我现在想加收些捐税，作为祭告灵山的费用，你们认为可以吗？"

这时许多大臣们，你看我我看你，一个也不能回答。

晏子看了，心里很好笑，就上前说："不可，祭山是无益于事的。我想灵山原是岩石作身子，草木作头发的，现在天长久不下雨，他的头发将要晒焦了，他的身子也烤得热了。难道他不想下雨吗，祭他有什么用？"

景公听了，点点头道："那么我想去祭河伯④，求雨可以吗？"

晏子道："不可！河伯是水做国家，鱼鳖做百姓的，现在天长久不下雨，泉水快要流竭，百川快要干涸，百姓也将死灭了。难道他独独不想下雨吗，祭他又有什么用？"

景公蹙着眉头道："那么现在怎么办呢？"

晏子说："大王倘能出了宫殿，到外面去和百姓们同受太阳的灼晒，和那灵山河伯一同担着忧，或者天可怜见，幸而会下雨呢。"

景公于是领了群臣出宫，在田野里起居，晒着那酷热的太阳，慰问穷苦的百姓们。这样到了第三天，天果然下起大雨来，农人们都可以及时下种。

【注释】

① 五谷：就是稻、黍、稷、麦、菽。
② 卜（bǔ）：古时要预知事的吉凶，常将龟壳用火一烧，看它裂缝的横直，来定吉凶，国家并且设有专官，像太卜、卜人之类。
③ 祟（suì）：鬼神祸人叫祟，作祟犹言作祸。
④ 河伯：是古时传说黄河的神。

三款死罪

【故事】

景公叫圉人①养他心爱的马,一天,马忽然暴毙。景公大怒,要肢解②那养马的人。

这时,晏子正在景公的左右,他见三四个卫士拿了明晃晃的刀进来。那圉人已吓得面色灰白,在一旁战栗着。晏子看了,心里老大不忍,就一面摇手止住他们不要动手,一面有意无意地问景公道:"请问从前尧舜③肢解犯人,不知从哪一部分开始?"

景公经晏子一问,一时回答不出来,心想尧舜何曾肢解过罪人,这明明是他故意讥讽我。随即醒悟过来,忙向卫士挥手道:"放了他吧!"

景公还是可惜马的死,恨那圉人,随即又将圉人监禁在牢里。晏子又上前请求道:"这事圉人还不知道究竟犯了什么罪。我请代大王一款款地宣布他的罪状，使他知道自己所犯的罪，然后将他监禁起来。"

景公说："好！"

晏子就很严厉地对圉人道："你的罪有三条：大王派你养马，你将它杀了，这是你所犯死罪的第一条。你偏又杀了大王最心爱的马，是你所犯死罪的第二条。你杀了马，又叫大王为了一匹马而杀人，百姓听了，必要怨恨我大王；各国诸侯听了，必定轻蔑我国家。你想：你杀了大王的马，却使大王和百姓积怨，甚至为邻国耻笑。这是你所犯死罪的第三条。现在你可知罪，快到监狱里去吧！"

晏子越说越怒，圉人低头不响。景公一句句听着很刺心，自己也晓得错了。就离了座连忙对晏子道："先生放了他吧！先生放了他吧！不要使我伤了仁慈的心吧！"

【注释】

① 圉（yǔ）人：就是养马的人。
② 肢解：就是将人两足两手断了，是古时的酷刑。
③ 尧舜：尧即唐尧，舜即虞舜，是古时圣明的君主。

爱 槐

【故事】

　　景公种了几株槐树，特地派吏役小心看守。并且立了一根木头，挂着一道禁令写着："侵犯槐树的，罚；损伤槐树的，死。"

　　一天，一个醉汉走过，他不知道禁令，竟触犯了槐树，吏役就将他捉住。

　　景公得到吏役的报告，大怒道："这是第一个犯我禁令的人，非将他重重治罪不可！"

　　醉汉有一个女儿，听说他父亲犯罪被捉去。她就急忙赶到晏子家里，对门上人恳求道："我有话要和相国①讲，并且很希望来侍候相国。"门上进去报告晏子，晏子听说很为惊异，心想："我难道喜欢美色吗？为什么这小女子不嫌我年老，要来侍候我呢？这必有别的缘故。"就叫门上领她进见。

不多时，那女子进来，晏子从堂上望见，暗道："怪啊，看她脸色很忧愁呢。"就叫她近前，问道："你为什么这样忧愁？"

那女子拜了一拜，含泪答道："君上种了槐树，悬挂禁令：犯它的有罚，伤它的处死。我父亲不该喝醉了酒，不留心那禁令，竟触犯了槐树，就被吏役捉去治罪。但是我听说贤明的君主，立法治国，不削减俸禄②，不加重刑罚；并且不为了私恨妨害公法，不为了禽兽去伤百姓，不为了草木去伤禽兽，不为了野草去伤禾苗。现在我们君上竟为了槐树要杀我父亲，害我孤独无依。这种法令，已经公布于全国了。不过我听说，勇士不以人多力强来欺凌孤独的人；明惠的君主，不肯拂逆人民的意愿，来自行其意的。这譬如清理鱼鳖一般，只要去了腥臊③就是。现在君上对人民出令，倘若这种法令，对于国家后世有益，那么我父亲犯法而死，也是当然的，我也应该来替他收尸④。可是现在这种法令，却不是这样的，为了几株树，就加罪我父亲。我想这未免坏了察吏治民的法，而害了君上的仁德吧！就是邻国听了，都说我们君上爱树而贱人，这难道是对的吗？请相国审察我的话，来裁判我犯禁的父亲。"

晏子听那女子一番诉说，就叹道："唉，你放心，我替你到君上面前去说吧。"随即又派人送她归去。

第二日早朝的时候，晏子就对景公道："我听说搜刮了人民的财力来供我嗜欲，就叫作暴；重视那玩好的东西，使它和君王拥有一样的尊严，这叫作逆；擅杀那无罪的人，这叫作贼⑤。这三件事是治国的大害，现在大王穷民的财力，来装点饮食的器具，钟鼓的娱乐，宫室的观瞻，这实在是最大的暴行。重视玩好，挂了爱槐的禁令，使那乘车的疾驰而过，步行的慌忙趋避，威严比之君王，这就是最明显逆民的事。犯槐树的有罚，伤槐树的得死；刑罚不正当，这又是贼民最深的事。我想大王自有国穷以来，对于人民，未见有什么德行，而这三种害民的政治已经在国内发生，这恐怕不能治国抚民吧！"

景公听了晏子的话，深悔自己不该为了槐树，引起他的责备，就对他谢道："没有先生教训我，我几乎得罪国家，得罪百姓。现在承你教我，这是国家的幸福，是百姓的幸福，我受教了！"

晏子出来之后，景公就派人赶快撤回守槐的吏役，取消伤槐的法令，拔去悬挂禁令的木头，释放犯槐的罪人。

【注释】

① 相国：就是宰相，是替君主施行政治的人。
② 俸（fèng）禄：是官吏所得的报酬。
③ 腥臊（xīng sāo）：鱼肉秽臭的气味。
④ 收尸：是收殓死尸的意思。
⑤ 贼：害的意思。

大台之役

【故事】

晏子出使到鲁国,当他回国的时候,景公正使人动工起造大台。这时天气大寒,工人们非常怨恨,各处都有冻饿的人,人人都抱怨晏子,说他不肯替他们在景公面前说话,停止大台的工程。

晏子到了京城,向景公复命,景公请他坐下饮酒,君臣俩非常快乐。晏子随后立起身来谢道:"大王赐臣饮酒,请听臣唱一首歌:

"庶民之言曰:'冻水洗我若之何!太上靡散我若之何!①'"

晏子唱罢,喟②然长叹,声泪俱下。景公见晏子这样悲伤,心中纳罕③,就劝止他,问道:"先生!为什么这样?——难道为了我起造大台的事吗?那我就叫他们立刻停止就是,先生不要伤心吧!"

晏子听了，收泪再拜，却一句话也没有，便匆匆出去，径到大台，拿着木杖，鞭责那些不用力的工人，并且厉声说道："我们小人，尚且都有房屋来避风雨燥湿。现在君王叫你们造一个台，你们却不用心替他快快地造好，这是什么道理？"

可怜工人们已是冻饿得有冤无处诉，不想晏子不但不替他们说话，反来督责催赶。于是国人都说晏子帮助景公来暴虐百姓。大家愈加怨恨他。

晏子从大台回来，还没有到家，那景公已下紧急命令，赶紧停止工程。传命令的车子飞驰而过，吏役们也狂奔着。

后来仲尼④听到这件事，非常赞叹道："古时候做臣子的，有好的声名，就归到君王；有什么灾祸，却归到自己。进去，劝谏他君王的不善；出来，却竭力称誉他君王的仁义。所以虽然他侍候很惰很坏的君王，也能使他治理国家，信服诸侯，在他自己呢，却又不敢自居其功。当得起这样的，只有晏子呢！"

【注释】

① 太上：指景公。靡散：是没有散给的意思。天寒冻饿，希望景公去救济，所以怨而作歌。
② 喟（kuì）：叹气的声音。
③ 纳罕（hǎn）：意中所料不到的叫纳罕。
④ 仲尼：孔子的字。

重履临朝

【故事】

景公命鲁国①的工人特别制作一双鞋子：用黄金的链条做鞋带，再用白银来装饰鞋面，四周缀着珍珠，鞋头上镶着美玉，长一尺，在冬天穿了去临朝听政。

这天，晏子进来朝见，景公起身迎接，不想因为穿的鞋子太重了，只能略略地将足一举，不能开步。随即欠身坐下，搭讪②着问道："今天冷吗？"

晏子早看见景公的鞋子，就回答道："大王为什么问起天冷呢？我听说从前圣人做衣服，冬天要取它轻而暖，夏天要取它轻而凉。大王在冬天穿了这样金银珠玉装饰的鞋子，那自然格外来得冷了；并且鞋太重了，不能自由运动，使得两只脚不能胜任，这未免为了贵重华美而失去生活的意味了。所以我说这完全是鲁工不知寒暖的节度，轻重的分量，以致妨害正当的生活，这是他第一条的罪；制作不合常度的服饰，为诸侯见笑，是他第二条的罪；耗费金钱，毫无益处，引起百姓的怨恨，是他第三条的罪。敢请大王将他拘来，交官去审判！"

景公想不到穿了一双鞋子，却引出晏子许多大道理来，正懊悔不该穿它。后来听晏子说要治鲁工的罪，心里又可怜他，就恳求晏子怜他辛苦，饶了他，不要问罪。

晏子却毅然答道："不可！我听说苦了身子，去做善事，那就得重赏；倘然苦了身子，去为非作歹，那就犯了重罪。"

景公听了不答，晏子也就走出，立刻令吏役捉拿鲁工，又着人押送出境，永远不准他再入境。

景公听得这样一办，心里很惭愧，就脱了那双珍贵华丽的鞋子，不再去穿它。

【注释】

① 鲁：国名，在今山东省西南部和江苏省的北部一带。
② 搭讪（shàn）：是难为情说话，勉强敷衍的样子。

社鼠猛狗

【故事】

景公问晏子道:"治国什么事最须担忧?"

晏子说:"最须担忧的是社鼠。"

景公听着很怪,追问道:"为什么呢?"

晏子说:"社是里面排列直木的泥墙,老鼠们就躲在那里,不容易捕杀它们。因为你如用火去熏,恐怕烧了里面的木;用水去灌呢,又恐怕冲坏了墙。老鼠们终于不能捕杀,就是因为要顾全那社的缘故。一个国家,也有这种情形。就是君主左右亲近的人,也仿佛和社鼠一般。里面呢,在君主面前隐善蔽恶;外面呢,在百姓身上倚势弄权。不去惩戒呢,他们就肆无忌惮地暴乱着;要是惩戒呢,他们却是君主亲信的人,有君主保护着。这就是国家的社鼠!"

景公点头称是,晏子继续说:"有一个卖酒

的，地方布置得非常整齐，器具收拾得非常清洁，门口飘着很长的酒旗。但是，没有人来买，他的酒却酸了。他很疑惑地去问邻里的人。有一个人对他说：'你的狗非常凶恶。有人提了酒壶来买酒，你的狗就迎头乱咬，替你回绝买卖，所以你的酒不能出卖，就得酸咧。'一个国家，也有这样的恶狗，就是那当权用事的人。倘有才能的人，想来进见君王，那当权的人，恐怕他任用了，自己要失势，就对他迎头乱咬，不使他进见，这便是国家的恶狗呢。左右亲近的人是社鼠，当权用事的人是恶狗，做君主的哪得不壅（yōng）蔽，国家哪得不担忧呢？"

崔杼劫盟

【故事】

崔杼既然杀了庄公①，拥立景公，就和庆封②两人同掌国事。他恐怕众人不服，就将许多将军、大夫和显士、庶人等强迫邀来，聚集在太宫的坛场上，逼令他们立誓订盟。

他又造了一个二丈多高的坛，坛外用兵士团团地围着。来盟的均须卸除佩剑进去，独有晏子带剑直入，崔杼也奈何他不得。

崔杼看人都齐了，就上坛厉声宣告说："今天有胆敢不肯立盟的，戟就钩他的颈，剑就刺他的心，并须自己立誓说：'倘然不助崔、庆而助公室，当受不祥。'说话不快，指头歃③下不及血的，应死！"

将军、大夫们，见崔杼这样的暴戾（lì），想起故主庄公的被杀，一个个怒气填膺（yīng），都不肯和他盟誓。崔杼大怒，就陆续地杀了七个人。

轮到晏子了，他很从容地捧了一杯血，头仰着天，长叹一声发誓道："啊！崔子无道，杀他君上，倘有不助公室而助崔、庆的，当受不祥！"说罢，就低着头用指歃血涂口。

崔杼听晏子立誓，有意反抗，气愤极了。——转念一想，晏子是齐国的贤大夫，须得笼络他。就对他说道："你倘收回你的话，我和你共有齐国。否则，戟，就在你的颈；剑，就在你的心。请你细细去想吧！"

晏子毫不迟疑地答道："用刀来强劫我，我就丧失我的志气，不算勇！用利来诱惑我，我就背叛我的君主，不算义！唉，崔子，你难道没有学过《诗》吗？《诗》说：'莫莫葛累，施于条枚；恺悌君子，求福不回。④'现在我难道可以回心屈服了来求福吗？你尽用曲的戟，直的剑，来钩我刺我吧，我总不改变我的话了。"

晏子这一番话，说得斩钉截铁，崔杼恨极了，想要杀他。旁边有人劝阻说："万万不可，你从前为了你的君主无道，所以将他杀了。现在他的臣子，却是个有道之士，倘再将他杀了，这哪能教人信服呢？"

崔杼就放了晏子，晏子却对他冷笑道："你杀了君主，已干了大不仁的事，今日放了我，却是小仁，那有什么用呢？"

晏子说罢出来，拉着索子上了车，他的仆御想鞭马快跑。晏子笑抚他的手道："慢慢赶吧！走得快不一定会活，走得慢不一定会死。鹿虽然生在山野，它的命却悬在庖厨，我的命也早有归宿了！"

【注释】

① 庄公：名光。景公之兄，灵公之子，为崔杼所杀。
② 庆封：人名，齐大夫。
③ 歃（shà）：盟者用指蘸牛马鸡血涂于口旁叫歃血。
④ 见《诗经》。莫莫，茂盛貌。施，读作以，牵绕的意思。恺悌（kǎi tì），和乐的样子。求福不回，是说不用不正当的手段去求福。

小雀儿

【故事】

小雀儿生了不久,景公将它捉来,小雀儿拍着两只弱小的翅膀,啾啾①地叫着。景公看它可怜的样子,仍旧送还巢里。

晏子听说有这件事,就不问时候,急忙进见景公。只见景公气吁吁的,额上流着不少的汗,就上前问道:"大王做什么?"景公笑道:"没什么,方才我捉了小雀儿,看它怪可怜的,所以仍旧放还了。"

晏子听说,就逡巡②着朝北拜了几拜,向景公道贺说:"好啊,大王做了圣王的事了!"

景公见晏子这样郑重其事,真给他弄得莫名其妙,就说:"我不过捉着小雀儿,看它可怜,所以放还,你却说是做了圣王的事,这是什么缘故呢?"

晏子正色答道："大王捉到小雀儿，可怜它弱小，仍旧放还，这是明白长幼的情理，因此可见大王仁爱的心，已经在禽兽身上表现了，何况对于人呢？这正是仁圣的君主所做的事呢！"

【注释】

① 啾啾（jiū）：细碎的声音。
② 逡巡（qūn xún）：退却不进的样子。

你不是我的君上

【故事】

景公在日中披散了头发，乘着六匹马的车子，亲自替妇人驾御着，从宫门出来。一个刖①过足的守门人，急忙打回他的马，不令出宫，并且很无礼地对景公道："你不是我的君上！"景公受了这样的羞辱，心里很惭愧，怏怏地回宫，一连好几日，不出来听朝。

晏子见景公不出来听朝，遇着裔款②，就问道："君上为什么不出来听朝？"裔款就笑将前事告诉他。

晏子随即进见，景公一见晏子，就对他诉说道："前天我真不应该，我披着发乘了六马的车，亲御着妇人从宫门出去，不想那刖足的守门人，竟将我的马打回，并说：'你不是我的君上。'我想我蒙天子和诸位大夫的赐，才能管率百姓，守住先人③的宗庙，不料现在受刖足守门人的奚落④，以致羞辱国家，我难道还可以和各国诸侯并称吗？"

晏子见景公非常羞愤，就劝慰他道："大王不必心里难过。我听说臣下不肯直说，上面必有不好的君主；百姓有隐讳的话，君上必定多骄恣的行为。古时候上有圣明的君主，臣下也就多肯直说；君主好行善政，百姓也就没有隐讳的话。现在大王自己有不正当的行为，刖足的守门人，居然能够直言禁止，这正是大王的福呢。所以我特地来庆贺，还请大王重重地赏他，也见得大王的好善；好好地待他，也见得大王能够受谏。"

景公给晏子一番开导，心下泰然，后来又听说要赏那守门人，却又疑问道："这可做得吗？"

晏子道："可以。"

于是叫守门人从此以后，领受加倍的俸禄，并豁免他的征役；朝会的时候，没有他的差事。

【注释】

① 刖（yuè）：将脚割断叫刖，是古时刑法的一种，古时

常使刖足的人守门,称为刖跪。

② 裔(yī)款:人名,齐大夫。

③ 先人:是指祖宗而言,管率百姓,奉祀宗庙,就是说做一国的君主。

④ 奚落(xī luò):讥讽侮辱的意思。

君上到了

【故事】

景公在宫里饮酒,到了晚上,忽然记起晏子,就叫左右将酒席搬到晏子家去。左右奉命,连夜备齐车马,一路灯火辉煌,奔向晏子家来。前驱先到,很急促地敲着门,并高声叫道:"君上到了!"

门上飞报晏子,晏子以为有紧要的公事,急忙穿起朝衣朝冠,出来迎接,立在门口忙问道:"诸侯莫非有变故吗?国家莫非有要事吗?君王为什么连夜到臣家来呢?"

景公摇摇手笑道:"不!不!醇醴①的酒味,金石的乐声,愿和先生来一同取乐。"

晏子听说,正色答道:"张筵开宴,陈设簠簋②,我做臣子的却不敢参与享受!"

景公见晏子不允,讨了个没趣,就叫左右将

酒席再搬到司马穰苴③的家去，左右又簇④拥着景公而去。

不多时，前驱先到司马穰苴的家，就敲门叫道："君上到了！"穰苴以为有什么军情，急忙顶盔⑤披甲，提着戟赶出来迎接，在门口见着景公，就很张皇地问道："诸侯莫非有兵事发生吗？大臣们莫非有反叛的吗？君王为什么连夜到臣家来呢？"

景公笑道："没什么！醇醴的酒，金石的乐，特来和将军同乐。"

穰苴忙欠身谢道："张筵开宴，不是臣的事，臣不敢参加！"

景公见司马穰苴也不肯附和，又讨了个没趣。左右也暗笑他们两人的固执。景公就向左右说："还是移到梁丘据⑥的家去吧！"

梁丘据一听景公驾到，他就左手拿了瑟⑦，右手拿了竽⑧，口里唱着歌，很从容地出来迎接。景公一见，心中大喜，不由得欢呼道："有趣啊！今天夜里我可以痛快地一醉了！没有那两个人，哪能治理我的国家呢？没有这一个人，哪能娱乐我自身呢？"

后来有人评论这件事说："圣贤的君主，都有正直的朋友，没有荒乐的臣子。景公虽然不能及，但这两种人，他都能用他们，所以仅仅不致亡国。"

【注释】

① 醇（chún）：原味的酒。醴（lǐ）：甜的酒。

② 簠（fǔ）：古时盛稻粱的竹器，内圆外方。簋（guǐ）：盛黍稷的竹器，内方外圆。比之现在盛菜蔬的盘碗。

③ 司马穰苴（ráng jū）：齐将军，本姓田，因做大司马的官，所以称司马穰苴。景公时为将军，善用兵。

④ 簇（cù）：丛聚的意思。

⑤ 盔（kuī）：军士所戴的帽。

⑥ 梁丘据：齐大夫，字子犹。

⑦ 瑟（sè）：古乐器名，二十五弦。

⑧ 竽（yú）：古乐器，形如笙，三十六簧。

独 乐

【故事】

有一天，晏子请景公饮酒。吩咐家人：酒食要好，器具要新。老年的管家①奉命去办，转来告晏子道："钱不够，请到百姓家去弄些来使用，怎样？"

晏子听了忙说："动不得！你要知道，快乐总要上下相同的，所以天子和天下的人，诸侯和他封地里的人，大夫以下的人和他的同事，都不应该独自寻乐的。现在在上位的人饮酒寻乐，却要在下的人来破费，这就是独自寻乐了。这万万不可的！"

【注释】

① 管家：就是家中管理庶务的仆人，春秋时叫作家老。

范昭使齐

【故事】

晋平公①想来攻打齐国，先派范昭来察看情形。

一天，范昭到了齐国，景公请他饮酒，又请晏子作陪。酒饮到酣然的时候，范昭立起身来，故意对景公道："敢请借用大王的酒杯。"景公就命左右说："将我的酒杯斟满了，让给客饮。"左右依命斟了，范昭接杯就饮。晏子在旁看不过去，很严厉地对左右道："收起这只杯子，另换一只，这里不是有酒杯吗？"晏子说着，一只手指着范昭面前原有的酒杯，并瞠②目注视他。

范昭给晏子说破，心中理会，就假装酒醉，踉跄③着出席舞蹈，并对太师④道："你肯给我奏一套成周⑤的乐吗？你奏，我给你舞。"太师板着脸孔答道："这个……我没有学过！"

范昭自讨没趣，乘醉趋出。景公却抱怨晏子道："晋是大国，今日派使来考察通好，我们应该优待他。方才你却奚落大国的使臣，那怎么好呢？"晏子笑道："我看范昭这人，并非不明礼。他原是有意试探大王，所以我斥绝他。"

景公听说，又回头问太师道："你为什么不给他奏成周的乐呢？"太师对道："成周的乐，是天子所用的乐。要奏这乐，必须君主起舞。那范昭是人臣，却想用天子的乐，所以我不给他奏。"

范昭回去报告平公说："齐国还不可去攻打呢。此番我故意试他的君主，却给晏子识破了。我又想犯他们的礼，又给太师知道了。齐国有这样的人，哪里可以去侵犯？"

后来仲尼听说此事，就称赞晏子道："不出于尊俎之间，而能挫折敌人于千里之外，晏子真了不得呢！"

【注释】

① 晋平公：晋悼公子，名彪。
② 瞪（dèng）：张目怒视的样子。

③ 踉跄（liàng qiàng）：步伐杂乱的样子。

④ 太师：古时掌乐的官。

⑤ 成周：春秋时称洛阳叫成周，是指周朝而言。

越石父

【故事】

晏子出使到晋国①去，路过中牟②，见一个人戴着破帽，披着裘衣，背着一大捆的柴，在路旁休息着。心想这人或者是个君子，就派人去问道："你是什么人？"那人答道："我叫越石父。"

晏子说："你是做什么的？"

越石父道："我是在此地给人做奴仆的，现在办好了事，将要回去。"

"你为什么给人做奴仆？"

"我常常为饥寒所迫，所以给人做奴仆。"

"你做了奴仆几年了？"

"三年了。"

"可以赎③身吗？"

"可以的。"

晏子很看重越石父，心想救济他，又听得可

以赎身,就解了车子左边的马送给他。越石父就牵了马去赎身。不一时回来见晏子,晏子就请他坐着车子,一同回来。

晏子到了家,也不和越石父说话,径自进去。越石父见晏子冷落他,就大发脾气,立刻要走。

晏子知道了,就派人去传话给他道:"我原没有和先生交好呢,先生做了三年的奴仆,今天遇见我给你赎身,我想,我对于先生难道还有不是的地方吗,先生为什么这样地拒绝我呢?"

越石父很气愤地对来人答道:"我听说,一个人虽然屈服于不知己的人,却应在知己的人前得意着;所以君子不自以为有功而看轻别人,也不以为别人有功,来卑屈我自身。我三年内给人做奴仆,没有人赏识我。现在你将我赎出来,我以为你是赏识我了。当你上车的时候,你不向我逊让,我还以为你是无心;现在又不对我辞让,径自进去。这是待我和奴仆一般了。唉,不想我此番却依旧来做奴仆,我倒不如将身子卖给世人,仍去做我的奴仆!"

来人将他的话传给晏子,晏子就急忙出来见他道:"从前我只见你的容貌,今朝却见你的心了。我听说考察一个人的行为，不去牵引他的过失；讲求实际的，不去讥笑他的说话怎样。现在我就对你谢罪，你肯不弃绝我吗？我从此改过了。"于是晏子派人打扫房屋，请他上座饮酒，非常尊敬他。越石父心里反嫌他过于尊礼，就道："我听说恭敬人家，不在表面上讲究。既然尊重他，不应该使他当初受到摈弃。你现在这样优待我，我却很不敢当啦！"晏子听他这样一说，心里很佩服他，就请他做上客。

后来有人称赞晏子道："寻常人对别人出力有功，就扬扬自得，渐渐对他骄傲起来。现在晏子替越石父赎身，救了他的患难，反而很谦恭地屈服于他，那比之寻常人真大不相同了！这实在是保全对别人有功的道理呢。"

【注释】

① 晋：春秋时国名，在今山西东部和河北西部。
② 中牟（móu）：在今河南中牟县。
③ 赎：取还所抵押的东西叫赎。从前奴仆可以买卖，若须恢复自由，必须用钱物取赎。

御者之妻求去

【故事】

晏子做了齐国的宰相，一天，乘车出门。他御者①的妻子，暗中从门缝里偷看着，只见她丈夫替宰相赶着车子，上面张着很大的车盖，鞭着驾车的四匹马。看他神气，扬扬然自以为很得意。

后来御者回家，他的妻子忽然向他请求，要和他离婚了。他很惊异地问她："为什么要去？"她说："晏子身长不满六尺，做了齐国的宰相，诸侯都闻名。方才我偷看他出门，神气之间，好像很谦虚似的，一点儿不骄傲自大。现在你身长八尺，却替人做仆御。我暗中看你意气扬扬，自以为很得意。所以我要离开你了。"

御者听了他妻子的话，后来就变得非常谦下，大改从前的骄傲态度。晏子看他前后像两个人似的，奇怪地问他。他就老老实实将他妻子的话说出。晏子暗暗称赞他勇于改过,就保荐他做了大夫。

【注释】

① 御(yù)者:驾御车马的人。

晏子春秋寓言

北郭骚

【故事】

齐国的北郭骚①,靠着结网、采蒲、编织鞋子来养活他的母亲。但是还不能维持,就上门来见晏子说:"我因为仰慕先生很能救济穷苦,所以来向你求讨些去养我母亲。"晏子就叫人分些仓里的粟和库里的金钱送他。北郭骚却只收了粟,谢绝金钱。

过了几天,晏子见疑于景公,逃亡②到国外。路过北郭骚的家,就趁便去辞行。北郭骚听说晏子来了,就很恭敬地沐浴③了出来迎见他,问道:"先生将到什么地方去?"晏子说:"我见疑于君上,所以将逃亡出外。"北郭骚很冷淡地道:"先生路上珍重吧!"

晏子见他毫无情义,怏怏地上车,随即长叹道:"唉,我此番逃亡,难道不应该吗?我也太不识人了！"

晏子走后，北郭骚将他的朋友请来，告诉他道："我前几天因为仰慕晏子的义气，曾向他去求讨过来养我母亲。我听说，替自己养过父母的人，应该和他同受患难。现在晏子见疑于君上，我将以死去替他表白④。"他就穿起衣冠，请他的朋友拿着剑，捧着笥⑤，跟他到景公那边。北郭骚恳求传达的人说："晏子，是天下的贤者，现在竟离开齐国，齐国必要受诸侯的侵略了。我见国家必受侵略，所以不如死了，请借我的头来替晏子表白。"随又回头对他朋友道："将我的头盛在笥里，献给君上。"说罢就用剑自刎⑥了。

他的朋友见北郭骚死了，就捧了他的头对传达的人道："北郭子是为国家而死的，我也将为北郭子而死。"说罢也用剑自刎而死。

景公听了，大骇，急忙驾了驿传的车子，亲自去追晏子。一直追到郊外，赶上晏子，对他谢罪，坚请他回国。晏子不得已只好回来。后来听说北郭骚用死来替自己表白，又长叹道："唉，我此番逃亡，难道不应该吗？这样看来，愈见得⑦

我太不识人了！"

【注释】

① 北郭骚：姓北郭，名骚。

② 逃亡：春秋时，臣子被革职，常常逃到其他国去，叫作出奔，也有没有罪而出奔的。晏子的出奔，是不容于景公。

③ 沐浴（mù yù）：洗头叫沐，洗身叫浴，甚言其恭敬。

④ 表白：说明洗刷的意思。晏子见疑于景公，北郭骚替他去辩解明白。

⑤ 笥（sì）：是方的竹器。

⑥ 刎（wěn）：割断头颈叫刎。

⑦ 晏子起初救济北郭骚，到出奔时见他，以为总有情谊，不想北郭骚对他冷淡，所以自叹太不识人。后来北郭骚竟替他以死去表白，所以又叹太不识人，因为他究竟识不透北郭骚是怎样的人。

挂牛头卖马肉

【故事】

灵公喜欢女子作男子的装束，宫里的人，都女扮男装①。不想上行下效，国内的女子，也都穿男装了。灵公却派吏去严禁，说："如有女子而男装的。撕②破她的衣裳，割断她的衣带③！"令下之后，到处可看到破衣断带，但是男装的风气，依旧不止。

晏子进见，灵公就问他道："我派人去严禁女子穿男装的，撕断她们的衣裳束带，还不能禁止她们不穿，这是什么缘故呢？"

晏子明知灵公宫内的情形，就笑答道："大王使宫内的人尽穿男装，却禁止外面的人穿。这仿佛是在门首挂着牛头，而里面却卖着马肉。大王要是先禁止宫内的人穿，那么，外面的人哪里还敢穿呢？"

灵公点头说:"好!"就命宫内的人不准这样装扮。过了一月之后,国内的女子,果然没有再穿男装的。

【注释】

① 扮:装饰叫扮。
② 撕:以手扯物叫撕。
③ 衣带:古时衣服都有腰带。

使狗国进狗门

【故事】

晏子出使到楚国①,楚人因为晏子生得矮小,特地在大门旁边开了个小门,来迎接晏子,故意和他开玩笑。

晏子走到门边,停步不进,说道:"出使狗国的从狗门进去。现在我是来出使楚国,不是出使狗国,不该从这门进去。"迎接的人,觉得反被他取笑了,便改引他从大门进去。

晏子进去,见了楚王②,楚王很轻蔑地望着他道:"齐国难道没有人吗?"

晏子道:"临淄③三百多闾④人家,人人张开衣袖,就可蔽日成阴;人人挥去汗水,就可成雨;肩膀相并,脚跟相接,大王从什么地方看出齐国没有人?"

楚王冷笑道:"那么为什么叫你这样的人来出

使呢?"

晏子道:"齐国派遣使臣,各有用意。凡是能干的人都出使到好的国家去,碌碌无能的人,才出使到不好的国家。我是最无能的人,所以便到楚国来做使臣了!"

【注释】

① 楚:国名,战国时的楚国,在今湖南、湖北、江西及河南南部的地方。
② 楚王:是楚灵王。
③ 临淄(zī):是齐国的都城,就是现在山东省淄博市。
④ 闾(lú):古时五家为比,五比为闾。

齐人善盗

【故事】

当晏子将到楚国的时候,楚王先和他左右的人商量道:"晏子是齐国最擅长辞令的人,现在他来了,我想寻个方法窘①他一下,你们认为怎样才好?"左右的人道:"当他来见的时候,我们便故意缚一个囚犯从大王面前走过。大王可问这是什么人,我们就说是齐国的人。大王再问他犯了什么罪,我们就说是因犯盗窃罪被捕。这样窘他,且看晏子怎样说。"

左右安排停当,不久,晏子到了,楚王请他宴饮。饮了一会儿,忽见两个吏卒缚了一人,到楚王面前。楚王故意问道:"缚的人怎么了?"吏卒答道:"这是齐国人,犯了盗窃的罪。"楚王看着晏子说:"齐国人原来善于做盗吗?"

晏子连忙离了座位,站起来从容地答道:"我曾听人说：'橘子生在淮②南地方的叫作橘，生在淮北地方的却变作枳③。它们的叶虽相像，果实却不相同。这便是因为两地水土不同的缘故。现在这个人生长在齐国，并不做强盗；一到楚国，就做强盗。莫不是楚国的水土，使人民善于做强盗吧？"

楚王听说，心想："这是贤明的人，不能和他开玩笑，我现在反而自己被他取笑了！"

【注释】

① 窘（jiǒng）：穷迫的意思。
② 淮：水名，源出河南桐柏县桐柏山，经安徽至江苏淮安市流入运河，淮水以南叫淮南，以北叫淮北。
③ 枳（zhǐ）：木名，高六七尺，枝多刺，叶长卵形，花白，秋间实熟，和橘相像，初采叫枳实，皮厚而中实；晚采叫枳壳，皮薄而中虚，可以做药。